CIENCIA GRÁFICA

SONIDO

con

por Emily Sohn

ilustrado por Cynthia Martin
y Anne Timmons

Consultor:
Ron Browne, PhD
Profesor Adjunto de Educación Primaria
Minnesota State University, Mankato

CAPSTONE PRESS
a capstone imprint

Graphic Library is published by Capstone Press,
1710 Roe Crest Drive, North Mankato, Minnesota 56003
www.capstonepub.com

Library of Congress Cataloging-in-Publication Data
Sohn, Emily.
[Adventures in sound with Max Axiom, super scientist. Spanish] Aventuras con el sonido con
Max Axiom, supercientífico / por Emily Sohn ; ilustrado por Cynthia Martin y Anne Timmons.
pages cm.—(Graphic library en español. Ciencia gráfica)
Audience: Grade 4 to 6
Includes bibliographical references and index.
ISBN 978-1-62065-181-0 (library binding)
ISBN 978-1-62065-973-1 (paperback)
ISBN 978-1-4765-1598-4 (ebookPDF)
1. Sound—Comic books, strips, etc.—Juvenile literature. 2. Adventure stories. I. Martin, Cynthia,
1961– illustrator. II. Timmons, Anne, illustrator. III. Title.
QC225.5.S6418 2013
534—dc23   2012022684

Summary: In graphic novel format, follows the adventures of Max Axiom as he explains the
science behind sound—in Spanish

Art Director and Designer
Bob Lentz

Cover Artist
Tod Smith

Colorist
Michael Kelleher

Spanish Book Designer
Eric Manske

Editor
Christopher L. Harbo

Translation Services
Strictly Spanish

Production Specialist
Laura Manthe

Photo illustration credits: Scott Thoms/Capstone Press, 8 (bottom)

TABLA DE CONTENIDOS

6

¿Ves eso? Las vibraciones causan ondas invisibles en el aire, como tirar una piedrita causa ondas en un estanque. Estas ondas crean lo que llamamos sonido.

TEMA:
MARTILLO NEUMÁTICO

ONDAS DE SONIDO

Cuando un objeto vibra causa realmente que las moléculas del aire se golpeen entre sí.

TEMA:
MARTILLO NEUMÁTICO

Su movimiento causa que otras moléculas también se golpeen. Esta transferencia de energía se aleja de la fuente del sonido, creando ondas de sonido.

MOLÉCULAS: Partículas diminutas que forman una sustancia

IMAGEN REALZADA

7

Por supuesto, algunos sonidos son más fuertes que otros. La diferencia se llama intensidad.

¡PÍO!
¡PÍO!
¡PÍO!

TATATATAT!

Las vibraciones más fuertes son más intensas. Causan sonidos más fuertes.

Qué fuerte es un sonido se llama volumen. Cuánto más alto es el volumen, más fuerte es el sonido.

PUTT
PUTT
PUTT

IDLE ON OFF

Tengo que hacer este trabajo. Por favor déjeme tranquilo.

PUTT
PUTT
PUTT
PUTT

LA LARINGE HUMANA

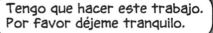

ACCESO AUTORIZADO: MAX AXIOM

EPIGLOTIS
CUERDAS VOCALES
LARINGE
TRÁQUEA

Dentro de tu garganta, la laringe te permite hablar, cantar y hacer otros ruidos. Dentro de la laringe, dos músculos llamados cuerdas vocales se aprietan y vibran cuando el aire pasa por ellos. Cuanto más rápido vibran, tu voz suena más aguda. Tu lengua y tus labios dan forma a los sonidos que haces.

La distancia también afecta al volumen. Las ondas de sonido pierden energía al viajar. Por lo tanto, cuando me alejo más, más bajo me suena el martillo neumático.

Ah. Mucho mejor.

¡PÍO!
¡PÍO!

El sonido involucra más que volumen. La canción de este pájaro se hace más fuerte y más leve, pero también está llena de notas, algunas más altas que otras.

El pájaro no lo sabe, pero los secretos detrás de esa hermosa melodía se llaman frecuencia y tono.

La frecuencia equivale al número de ondas de sonido que pasan un cierto punto durante una cierta cantidad de tiempo.

Por ejemplo, ahora solo una onda de sonido pasa por mí cada segundo. Por esta razón, el sonido tiene una frecuencia de 1 hertz (Hz).

Un segundo

Pero si 50 ondas de sonido pasan por mí en un segundo, el sonido tiene 50 Hz. Vibraciones más rápidas crean sonidos con frecuencias mayores.

Un segundo

La frecuencia del sonido determina su tono.

Algo con muchos Hz suena más alto que algo con menos Hz.

Pero las personas no pueden oír todo. De hecho, solo podemos oír frecuencias entre 20 y 20,000 Hz.

Los sonidos menores a 20 Hz son llamados infrasonido. Sonidos sobre 20,000 Hz se llaman ultrasonido.

FÍJATE EN ESTE DATO:

Los perros oyen algunos sonidos con frecuencias de hasta 40,000 Hz. Eso explica por qué tu perro aúlla sin ninguna razón aparente. Los perros oyen cosas que nosotros ni siquiera sabemos que están ahí.

Hemos ido a la fuente de las ondas de sonido. Ahora, miremos cómo estas ondas invisibles se convierten en los sonidos que escuchamos.

Ruido, ruido. ¿Qué se piensa esta gente que es?

Nosotros oímos por nuestros oídos, de manera que miremos dentro del oído de Al.

Aunque no lo crean, los dobleces y curvas del oído externo sirven un propósito.

Recolectan sonidos y los llevan hacia dentro del oído.

OÍDO EXTERNO

OÍDO MEDIO

OÍDO INTERNO

El canal auditivo es también parte del oído externo. Lleva sonidos al oído medio un poco más adelante.

CERA

TÍMPANO

MARTILLO

YUNQUE

Las vibraciones del estribo viajan por la cóclea en forma de caracol en el oído interno.

El líquido en la cóclea se ondula cuando llegan las vibraciones.

En el oído medio, el sonido hace vibrar al tímpano y los tres huesos pequeños llamados martillo, yunque y estribo.

ESTRIBO

Juntas, estas partes hacen que los sonidos sean más fuertes antes de enviarlos hacia el oído interno.

CÓCLEA

Hay células ciliadas dentro de la cóclea. Envían señales eléctricas al cerebro. Esas señales sirven como mensajes de que el sonido ha llegado.

AL CEREBRO

CÉLULAS CILIADAS

¡BLA! ¡BLA! ¡BLA! ¡BLA!

El sonido se mueve muy rápido. ¿Pero qué rápido es?

La velocidad del sonido depende de por dónde atraviesa el sonido.

770 MPH

770 MPH

El sonido que viaja a través del aire a nivel del mar y temperatura ambiente se mueve a 770 millas por hora.

SONIDO VERSUS LUZ

En una carrera, la luz dejaría al sonido comiendo polvo. Nada se mueve más rápido que la luz que pasa silbando a 670,000,000 millas por hora.

¡Uf!

12

¡Ja! ¡Ja!

BOOM!

No podemos viajar más rápido que la luz, pero podemos movernos más rápido que el sonido.

Ese jet supersónico recién rompió la barrera del sonido. Cuando lo hizo, dejó una gran cantidad de ondas de sonido en su estela. Las ondas de sonido se apilaron y produjeron una explosión sónica.

Esta explosión fue fuerte. Pero fue diferente al ruido chirriante del martillo neumático.

BARNACLE BOB'S

VIAJES DE BUCEO

Cada sonido es diferente y muchos factores afectan si algo suena leve o apagado, ruidoso o estridente.

Averigüemos por qué.

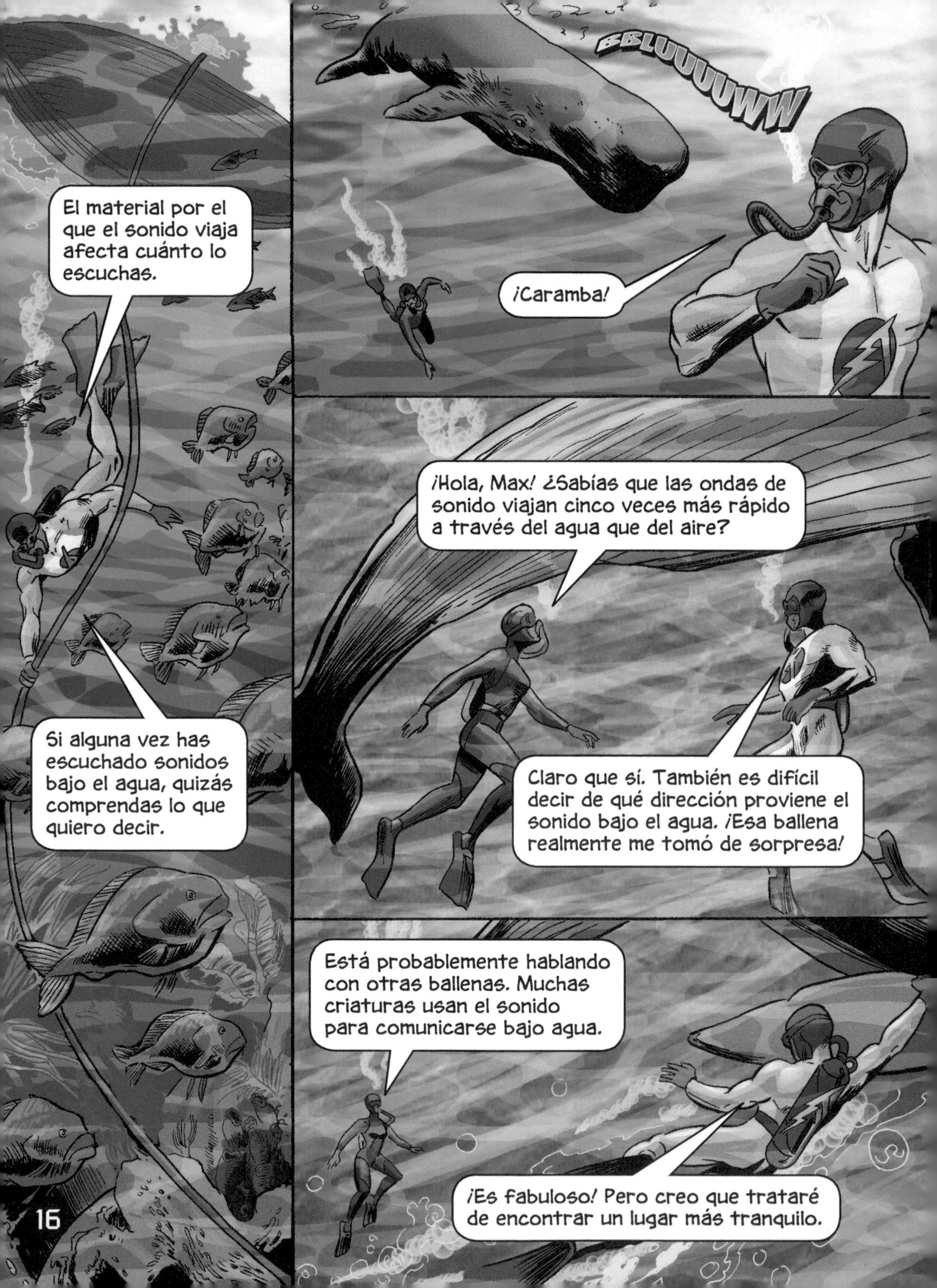
El material por el que el sonido viaja afecta cuánto lo escuchas.
Si alguna vez has escuchado sonidos bajo el agua, quizás comprendas lo que quiero decir.
BBLUUUUUWW
¡Caramba!
¡Hola, Max! ¿Sabías que las ondas de sonido viajan cinco veces más rápido a través del agua que del aire?
Claro que sí. También es difícil decir de qué dirección proviene el sonido bajo el agua. ¡Esa ballena realmente me tomó de sorpresa!
Está probablemente hablando con otras ballenas. Muchas criaturas usan el sonido para comunicarse bajo agua.
¡Es fabuloso! Pero creo que trataré de encontrar un lugar más tranquilo.

Es tan tranquilo en el espacio. Ni siquiera puedo escucharte golpeando en la estación espacial.

Esto es porque el espacio es un vacío. No hay aire. El sonido necesita algún tipo de material para viajar.

Yo quería algo tranquilo pero esto es ridículo.

Por lo tanto, si nuestras radios dejan de funcionar, ¿no tendríamos manera de hablar entre nosotros?

No, a menos que presionemos nuestros cascos juntos y dejemos que el sonido de nuestras voces pase a través de los visores plásticos.

¡Ah! Creo que volveré a la Tierra donde puedo hablar tanto como quiera.

Aparte del aire y del agua, el sonido también puede viajar a través de sólidos.

Estos chicos pueden escucharse el uno al otro en las tazas porque el hilo vibra y lleva las ondas de sonido entre estas.

Las ondas de sonido no siempre viajan en línea recta. El agua puede doblar, o refractar, una onda de sonido. Eso es porque el sonido cambia de dirección cuando pasa del aire al agua.

Yo conozco a un oceanógrafo que usa el sonido para estudiar el piso del océano. Veamos en qué está trabajando hoy.

¡Hola, Zack!

Elegiste un buen momento para visitarme, Max. Estamos enviando pulsos de sonar.

Cada "ping" es una onda de sonido. Porque sabemos qué rápido el sonido se mueve, podemos descubrir qué tan lejos están los objetos. Solo medimos cuánto tarda el sonido en reflejar nuevamente hacia nosotros.

¿Qué estás buscando hoy, Zack?

Nunca hemos exploramos esta parte del océano.

Estamos usando el sonar para hacer un mapa del área.

El sonar es una herramienta estupenda. Quien lo ideó debe haber sido muy inteligente.

Es verdad, pero los animales lo usaron primero.

Muchos animales usan el sonar para encontrar presas y evitar predadores. Cuando los murciélagos lo hacen se llama ecolocalización. Las ratas, ballenas y los delfines también obtienen información del rebote de ondas de sonido.

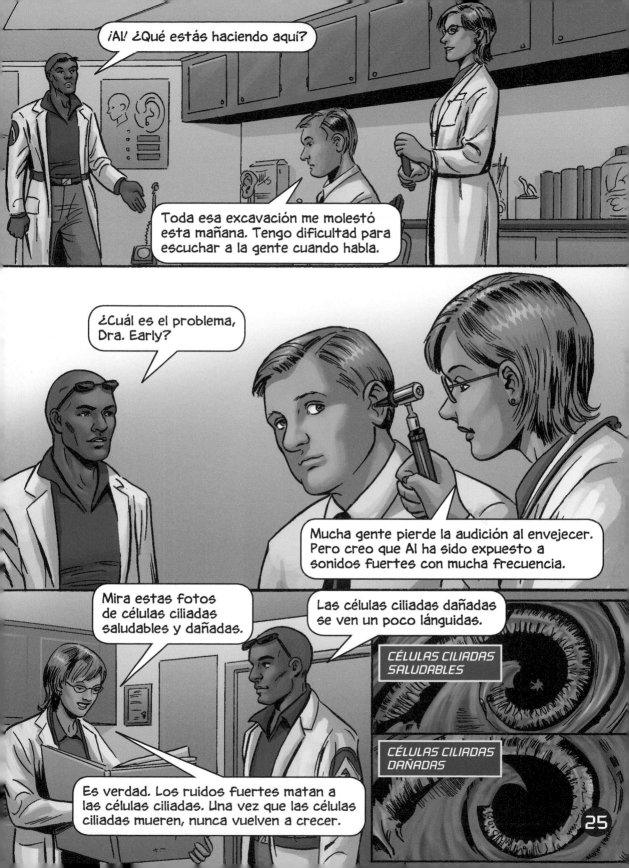

¡Al! ¿Qué estás haciendo aquí?

Toda esa excavación me molestó esta mañana. Tengo dificultad para escuchar a la gente cuando habla.

¿Cuál es el problema, Dra. Early?

Mucha gente pierde la audición al envejecer. Pero creo que Al ha sido expuesto a sonidos fuertes con mucha frecuencia.

Mira estas fotos de células ciliadas saludables y dañadas.

Las células ciliadas dañadas se ven un poco lánguidas.

CÉLULAS CILIADAS SALUDABLES

CÉLULAS CILIADAS DAÑADAS

Es verdad. Los ruidos fuertes matan a las células ciliadas. Una vez que las células ciliadas mueren, nunca vuelven a crecer.

25

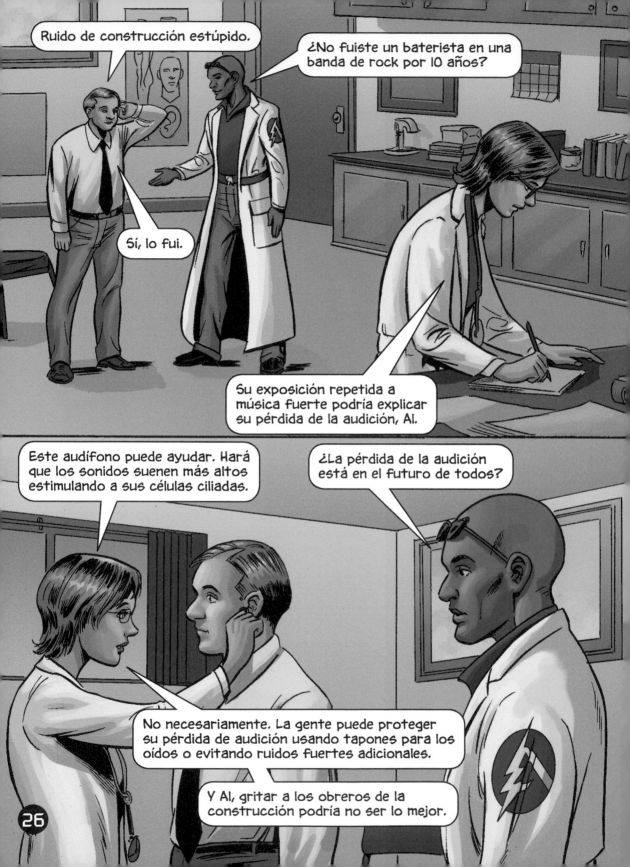

MÁS SOBRE
SONIDO

El sonido viaja más rápido a través de sólidos que a través de gases o líquidos. ¿Por qué? Porque las moléculas en los sólidos están más juntas. Cuánto más cerca estén las moléculas, más rápido viajan las ondas del sonido de una molécula a otra. El sonido viaja a 770 millas (1,239 kilómetros) por hora a través del aire. Viaja a través del acero a alrededor de 11,630 millas (18,716 kilómetros) por hora.

La mayoría de los murciélagos usan la ecolocalización para cazar. Mientras vuelan, los murciélagos liberan sonidos agudos que rebotan de objetos alrededor de ellos. Según los ecos que oyen, los murciélagos pueden localizar y determinar el tamaño de insectos revoloteando cerca de ellos.

El martillo, yunque y estribo son los huesos más pequeños del cuerpo humano. Son del mismo tamaño ahora que el día en que naciste. Todos juntos pueden entrar en una moneda de un centavo.

La cera en el oído ayuda a mantenerlos limpios. Cuando se forma cera dentro de canal auditivo, se pega a partículas de suciedad. Eventualmente, la cera se dirige hacia fuera del oído llevando la suciedad consigo.

El líquido en la cóclea hace más que magnificar las vibraciones. También tiene un rol en el equilibrio y ayuda a tu cuerpo a saber cuándo está hacia arriba y cuándo está al revés.

Los elefantes usan infrasonido, o sonido más bajo que el rango de audición humana, para hablar entre sí. Para comunicarse, usan sonidos resonantes tan bajos como 5 Hz.

Los órganos auditivos de un grillo están ubicados justo debajo de las rodillas de sus patas delanteras. El órgano auditivo de una chicharra está en su abdomen.

 Los científicos miden la altura, o volumen, de los sonidos en decibeles (dB). Un susurro mide 20 dB, mientras que hablar normal es 60 dB. Un jet mide alrededor de 120 dB y la explosión de un petardo es alrededor de 140 dB. Cualquier sonido más alto que 85 dB puede causar daño a la audición si se escucha por mucho tiempo. A poca distancia, los niveles de ruido sobre 140 dB causan daños auditivos inmediatos.

Ⓐ La ballena azul es el animal más ruidoso de la Tierra. Sus llamadas han medido 188 dB y pueden escucharse a cientos de millas de distancia.

MÁS SOBRE

Nombre real: Maxwell J. Axiom
Ciudad natal: Seattle, Washington
Estatura: 6' 1"   **Peso:** 192 lbs
Ojos: Marrón   **Cabello:** No tiene

Supercapacidades: Superinteligencia; capaz de encogerse al tamaño de un átomo; los anteojos le dan visión de rayos X; la bata de laboratorio le permite viajar a través del tiempo y el espacio.

Origen: Desde su nacimiento, Max Axiom parecía destinado a la grandeza. Su madre, una bióloga marina, le enseñó a su hijo sobre los misterios del mar. Su padre, un físico nuclear y guardabosques voluntario, le enseñó a Max sobre las maravillas de la Tierra y el cielo.

Un día durante una caminata en áreas silvestres, un rayo mega-cargado golpeó a Max con furia cegadora. Cuando se despertó, Max descubrió una nueva energía y se dispuso a aprender todo lo posible sobre la ciencia. Viajó por el planeta y obtuvo grados universitarios en cada aspecto del campo científico. Al volver, estaba listo para compartir su conocimiento y nueva identidad con el mundo. Se había transformado en Max Axiom, supercientífico.

Glosario

absorber—embeber

la cóclea—un parte en forma de caracol en el oído que ayuda a enviar mensajes de sonido al cerebro

el decibel—una unidad para medir el volumen de sonidos

la ecolocalización—el proceso de usar sonido y ecos para ubicar objetos; los murciélagos usan la ecolocalización para encontrar alimentos

la energía—la habilidad de realizar trabajo, como mover cosas o dar calor o luz

la frecuencia—el número de ondas de sonido que pasan por un lugar en una cierta cantidad de tiempo

el hertz—una unidad para medir la frecuencia de las vibraciones de onda de sonido; un hertz equivale a una onda de sonido por segundo

la molécula—dos o más átomos de los mismos elementos o elementos diferentes que se han unido; una molécula es la parte más pequeña de un compuesto que puede ser dividido sin un cambio químico

reflejar—rebotar en un objeto

refractar—doblarse en ángulo cuando pasa a través de un material

el tímpano—una pieza de piel delgada bien estirada como un tambor dentro del oído; el tímpano vibra cuando las ondas de sonido lo golpean

el tono—qué alto o bajo es un sonido; los tonos bajos tienen frecuencias bajas y los tonos altos tienen frecuencias altas.

la vibración—un movimiento rápido de ida y vuelta